旅鉄 GUIDE

TABI-TETSU GUIDE | 002

鉄道
聖地巡礼

「旅と鉄道」編集部・編

天夢人
Temjin

鉄道好きなら一度は訪れてみたい
さまざまな「聖地」たち

鉄道の歴史を物語る遺産、鉄道写真でよく見るあそこ、
アニメに出てきたあの場所、まだ見ぬ新スポット……。
「鉄道聖地」の定義はさまざまあれど、
鉄道好きなら一度は訪れてみたいスポットたち。

鉄道の歴史を感じる
鉄道遺産

車両をじっくりと堪能できる
ビュースポット

あの名作の舞台に
降り立つ

写真に収めたくなる
鉄道絶景

今後が気になる
新スポットたち

CONTENTS

5章 気になる! 鉄道新スポット……………125

※掲載スポットの情報は2022年11月末時点のものです。最新情報は施設の公式ホームページ等をご確認ください。

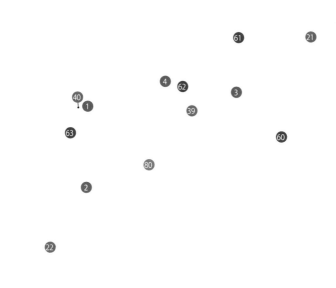

鉄道聖地巡礼MAP

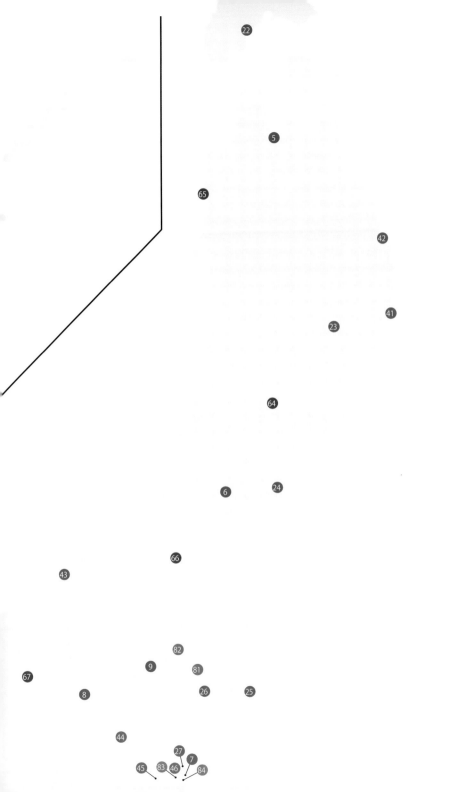

9

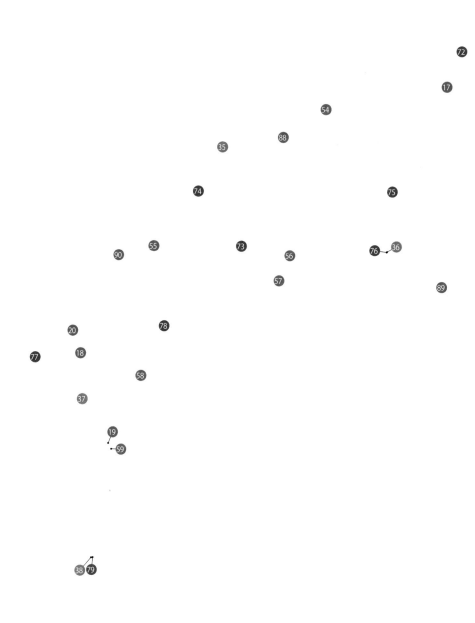

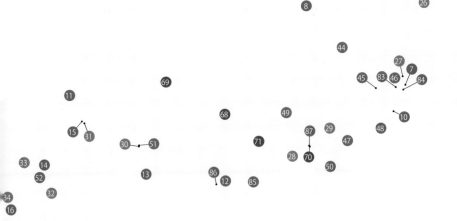

1 手宮鉄道施設
2 旧室蘭駅舎
3 旧国鉄士幌線コンクリートアーチ橋梁群
4 三井芦別鉄道 炭山川橋梁
5 青函連絡船メモリアルシップ八甲田丸
6 旧高畠駅
7 東京駅丸の内駅舎
8 旧碓氷峠鉄道施設
9 わたらせ渓谷鐵道 沢入駅
10 汽車道
11 小刀根トンネル
12 天竜二俣駅鉄道施設群
13 JR 亀崎駅
14 旧逢坂山隧道
15 長浜駅旧駅舎
16 阪堺電気軌道 161 形
17 若桜駅鉄道施設群
18 三井三池炭鉱専用鉄道跡
19 人吉機関庫
20 筑後川昇開橋
21 JR 北浜駅展望台
22 北海道新幹線ビュースポット
23 JR 釜石線のめがね橋
24 しばた千桜橋
25 偕楽園駅付近の歩道橋
26 真岡鐵道 久下田駅
27 北とぴあ
28 薩埵峠展望台
29 狩屋踏切
30 グローバルゲート 屋上庭園

31 田村山
32 JR 笠置駅
33 JR 保津峡駅
34 加島陸橋
35 道の駅 ゆうひパーク三隅
36 サンリバー大歩危
37 JR 三角駅
38 JR 西大山駅
39 JR 幾寅駅
40 JR 蘭島駅
41 三陸鉄道 織笠駅
42 三陸鉄道 大沢橋梁
43 JR 青海川駅
44 秩父鉄道 秩父駅
45 京王電鉄 聖蹟桜ヶ丘駅
46 西武鉄道 練馬駅
47 JR 根府川駅
48 鎌倉高校前踏切
49 JR 甲斐常葉駅
50 伊豆箱根鉄道駿豆線
51 JR 名古屋駅
52 京阪電気鉄道 宇治駅
53 阪急電鉄 甲陽園駅
54 JR 八川駅
55 JR 宇都新川駅
56 伊予鉄道 梅津寺駅
57 JR 下灘駅
58 南阿蘇鉄道 見晴台駅
59 JR 大畑駅
60 音別の丘

61 白滝発祥の地
62 ファーム富田
63 北四線踏切
64 大深沢橋
65 小入川橋
66 第一只見川橋梁ビューポイント
67 JR 姨捨駅
68 そらさんぽ
69 下原ダム湖畔
70 須津駅付近
71 大井川鐵道 奥大井湖上駅
72 JR 餘部駅前の展望台
73 大島大橋
74 白井の里
75 鷲羽山第二展望台
76 大歩危洞門
77 松原トンネル付近
78 JR 由布院駅はずれ
79 JR 西大山駅付近
80 旧日高本線
81 宇都宮ライトレール
82 下今市駅 旧跨線橋
83 下北線路街
84 JR 高輪ゲートウェイ駅&高輪築堤
85 大井川鐵道 門出駅&合格駅
86 天竜浜名湖鉄道 都田駅
87 がくてつ機関車ひろば
88 旧三江線 宇都井駅
89 阿佐海岸鉄道 DMV
90 小倉工場鉄道ランド

鉄道の「聖地」を巡る旅へ ——

1章

鉄道の歴史をたどる
鉄道遺産

北海道小樽市

旧手宮鉄道施設

小樽市総合博物館内に保存されているレンガ積みの車庫と転車台。奥の車庫が現存最古の機関車庫である機関車庫3号

北海道鉄道発祥の地に残る
現存最古の機関車庫

北海道の最初の鉄道である幌内鉄道の起点駅だった
旧手宮駅跡に残る鉄道施設群。幌内鉄道は北海道開
拓のための石炭の輸送や生活物資・生産資材の輸送
などを担った。2つの機関車庫や転車台、蒸気機関
車に給水するための貯水槽などが今も残されている。
特に1885（明治18）年竣工のフランス積みのれん
が造りの機関車庫3号は、現存する日本最古の機関
車庫とされ、現在は小樽市総合博物館の一部として
公開されている。

重要
文化財

鉄道
記念物

Information

● アクセス／JR小樽駅より北海
　道中央バス「総合博物館前」下
　車
● 見学時間／9時30分〜17時、
　火曜日（祝祭日の場合は翌平
　日）・年末年始休館
● 見学料金／400円

北海道室蘭市

旧室蘭駅舎

白壁と茶色の屋根がおしゃれな洋風木造駅舎。雪除けのひさしがついた通路（雁木）がめぐらされている

石炭の積出港として発展した
室蘭の歴史を体現する旧駅舎

1912（明治45）年に完成した北海道内の現存最古の木造駅舎。明治の洋風建築の面影を残しつつ、外側には雪国らしい“雁木”がめぐらされている。室蘭駅は何度か移転をしており、この駅舎は3代目。1997（平成9）年に現在の室蘭駅が開業したのにともない、駅舎としての役目を終えた。現在は観光案内所や展示スペースとして使われており、昔の駅名標や旧型客車の座席なども展示。2019（令和元）年には駅前に室蘭本線で活躍したD51形560号機も移設されている。

登録有形
文化財

準鉄道
記念物

Information

●アクセス／JR室蘭駅より徒歩5分
●見学時間／8〜19時（4〜10月）、8〜17時（11〜3月）、元日休館
●見学料金／無料

15

北海道上士幌町

旧国鉄士幌線コンクリートアーチ橋梁群

忘れられた線路の記憶をつなぐ美しいアーチ橋の数々

山間部を走った士幌線には音更川の渓谷を越えるために多くの橋が架けられた。昭和初期につくられたコンクリートアーチ橋は土木遺産的価値も高く、一部橋梁が国の登録有形文化財に認定。また、糠平ダム建設によりダム湖に沈んだタウシュベツ川橋梁は、ダム湖の水位が下がる季節だけ姿を現し、「幻の橋」とよばれる。橋梁は国道273号沿い、糠平湖周辺に点在しているが、タウシュベツ川橋梁を近くで見学するには事前に上士幌観光協会のWEBから予約が必要。

登録有形
文化財

準鉄道
記念物

Information

● アクセス／JR帯広駅より車で1時間30分ほど。糠平湖周辺に点在
● 見学時間／自由（タウシュベツ川橋梁の見学は4月末〜10月末。事前にゲートのカギのWEB予約が必要）
● 見学料金／無料

16

1936（昭和11）年竣工の第三音更川橋梁。北海道内最古の鉄道用コンクリートアーチ橋で、全長は71m。32mのアーチスパンは道内最大となる。国道273号の泉翠橋から眺めることができる

1955年に糠平ダムの建設にともなう士幌線のルート変更でダム湖へ残されたタウシュベツ川橋梁。長年ダム湖の水にさらされて劣化が進行し、見られるのはいまのうちかもしれない

北海道芦別市

三井芦別鉄道 炭山川橋梁

渓谷美に映える赤い鉄橋とディーゼル機関車。紅葉や雪景色のシーズンも美しい

絶景に溶け込む
ダイナミックな鉄道橋

三井鉱山が石炭輸送のために敷いた専用鉄道を延伸
した際に造られた鉄道橋。旧室蘭駅舎などとともに、
近代の日本の発展を支えた日本遺産「炭鉄港」の構
成文化財の一つとなっている。全長94m、高さ約30
mの鉄橋の上にはディーゼル機関車DD501と石炭貨
車セキ3820が静態保存されている。国道452号の炭
山川橋付近から鉄橋と車両を一望できるほか、夏期
には道道芦別砂川線沿いにより間近で橋梁を見られ
る展望広場が開放される。

登録有形
文化財

Information

●アクセス／JR芦別駅より空知
交通キラキラバス「西芦6丁
目」下車
●見学時間／自由（展望広場への
ゲートは夏期のみ開放）
●見学料金／無料

青函連絡船メモリアルシップ八甲田丸

青函航路で長く、そして最後まで活躍した八甲田丸。船内は往時の雰囲気がそのまま残されている

人も車両も運んだ
青函連絡船

1988（昭和63）年3月の青函トンネル開通まで、青森と函館を結ぶ鉄道連絡船（青函連絡船）が運航されていた。その最終便で使われていた八甲田丸が、現在は青森駅前の桟橋に係留されミュージアムとなっている。船内は往時の姿が保存されているほか、青函連絡船に関する資料を展示。また、青函連絡船では貨車の輸送が行われており、1階の車両甲板には郵便車や北海道で活躍していたディーゼル車両などゆかりの深い9両の車両が保存・展示されている。

Information

- アクセス／JR青森駅より徒歩5分
- 見学時間／9〜19時（4〜10月）、9〜17時（11〜3月、月曜日休館）、年末年始・3月第2週の月〜金曜日休館
- 見学料金／510円

19

山形県高畠町

旧高畠駅

レトロで瀟洒な雰囲気の旧高畠駅舎。廃線跡は遊歩道として整備され、春は桜の名所としても知られる

地元産の石が使われた
瀟洒なデザインの駅舎

1922（大正11）年に開業し、1974（昭和49）年に
廃止された高畠鉄道（のちの山形交通高畠線）の高
畠駅舎（現在のJR高畠駅とは異なる）。駅舎は1934
（昭和9）年に造られたもので、石造と鉄筋コンク
リート造を併用。高畠町内で採掘された高畠石が使
われている。構内にはモハ1形電車や電気機関車も
保存展示されている。JR高畠駅前から高畠線の廃線
跡が「まほろばの緑道」として整備されており、駅
から廃線ウォークやサイクリングもおすすめ。

登録有形
文化財

Information
●アクセス／JR高畠駅より車で
　10分
●見学時間／自由
●見学料金／無料

東京駅丸の内駅舎

創建時の姿を取り戻した東京駅丸の内駅舎。象徴的な外壁の「赤レンガ」も当時に近い製法・工法で復原された

創建時の姿がよみがえった
美しい「日本の玄関口」

東北方面への起点駅だった上野と、東西を結ぶ幹線の起点駅だった新橋をつなぐ"日本の玄関口"として1914（大正3）年に開業した東京駅。レンガと鉄骨造りのモダンな駅舎は日本銀行などを手掛けた辰野金吾による設計。1945（昭和20）年の東京大空襲で3階部分が損傷し、戦後は2階建てで修復されたが、2012（平成24）年のリニューアルで創建時に近い姿に復原。戦災で失われた3階部分や美しいドーム天井などがよみがえった。

重要
文化財

Information

●アクセス／JR東京駅
●見学時間／自由
●見学料金／無料（駅構内は要入
　場券または乗車券）

群馬県安中市

旧碓氷峠鉄道施設

急勾配の峠を攻略する
アプト式鉄道の遺構

旧信越本線の碓氷峠付近（横川〜軽井沢間）に残る
鉄道施設群。明治時代の官営鉄道敷設時に、碓氷峠
の急勾配を克服するため、山岳鉄道に使われる「ア
プト式」を採用。険しい地形を越えるレンガ造りの
堅牢な橋梁やトンネルが造られた。昭和中期に輸送
力増強・スピードアップのために新線が開業し、ア
プト式の旧線は廃線となったが、現在は横川駅を起
点に「アプトの道」として整備され、橋梁やトンネ
ル、変電設備などの遺構を見ることができる。

重要
文化財

鉄道
記念物

Information

●アクセス／JR横川駅より徒歩5
　分
●見学時間／自由（トンネル内の
　照明は7〜18時点灯）
●見学料金／無料

旧線のシンボルでもある碓氷第三橋梁、通称「めがね橋」。1892（明治25）年に完成した国内最大のれんが造りのアーチ橋だ

横川〜熊野平駅間の約6kmが遊歩道「アプトの道」として整備されており、10のトンネルや「めがね橋」も渡ることができる

群馬県みどり市

わたらせ渓谷鉄道
沢入駅
そうり

「鉄道遺産路線」の
絵になるレトロなホーム

木造の待合所と石積みのプラットホームが遺る沢
入駅。レトロな風情のホームに、春には桜、梅雨に
は紫陽花、秋には紅葉と四季折々の風景が楽しめる、
絵になる駅だ。プラットホームは駅開業の1912（大
正元）年、待合所は昭和初期に建てられたものが今
も使われている。わたらせ渓谷鉄道ではこれらを含
め駅舎や橋梁、トンネルなど全部で38の鉄道施設が
登録有形文化財に指定されている。1日フリーきっぷ
での遺産巡りもおすすめだ。

登録有形
文化財

Information

●アクセス／わたらせ渓谷鐵道 沢
入駅
●見学時間／自由
●見学料金／無料

24

プラットホームの擁壁は割石積み。写真左に写る待合所が1927（昭和2）年造の下り線待合所、右奥が1929（昭和4）年造の上り線待合所になる

登録有形文化財の一つ、原向（はらむこう）～通洞（つうどう）駅間にかかる第二渡良瀬川橋梁。アメリカ人技師のセオドア・クーパーが設計し、東京石川島造船所（現IHI）によって造られた

神奈川県横浜市

汽車道

汽車道の道中にある第一号橋梁。1907（明治40）年にアメリカン・ブリッジで製作された輸入品。橋桁にはレプリカの銘板も掛かっている

みなとみらいの街に溶け込む
廃線活用の遊歩道

桜木町駅前から新港ふ頭に向かって延びる遊歩道「汽車道」は、1911（明治44）年に開業した貨物支線（横浜臨港線）の廃線跡を整備したもの。歩道にはレールが埋め込まれ、明治期のアメリカ製のトラス橋などの遺構も残されている。また、起点の桜木町駅は日本の鉄道開業時の横浜駅があった場所で、駅構内や隣接するシァル桜木町アネックスには、110形蒸気機関車や開業時の横浜駅の資料などが展示されているのでこちらもぜひチェックしたい。

Information

●アクセス／JR／横浜市営地下鉄
　桜木町駅より徒歩1分
●見学時間／自由
●見学料金／無料

小刀根トンネル

全長56m、高さ6.2m、内部の幅は4.2m。D51形蒸気機関車はこのトンネルにあわせて設計されたともいわれる

鉄道黎明期の姿を残す
レンガ造りの鉄道トンネル

北陸本線用に1881（明治14）年に開通したトンネル。日本人技術者による鉄道トンネルとしては逢坂山隧道に次ぐ2番目、建造時の姿を残す鉄道トンネルとしては日本最古となる。内部は下部が岩盤、上部がレンガ積の2層構造。1957（昭和32）年の北陸本線の新ルート開業にともない、小刀根トンネルを通る区間は柳ヶ瀬線として分離。1964（昭和39）年の柳ヶ瀬線廃止後は自動車道路に転用されている。

Information

● アクセス／JR新疋田駅より車
10分またはJR敦賀駅より敦賀
市コミュニティバス「宮前橋」
下車10分
● 見学時間／自由
● 見学料金／無料

静岡県浜松市

天竜二俣駅
鉄道施設群

車庫からお風呂まで!
貴重な文化財が多く残る

国鉄二俣線を引き継いだ天竜浜名湖鉄道天竜浜名湖線には、今も国鉄時代の面影を残す鉄道遺産が多く残されている。特に、蒸気機関車の機関区だった天竜二俣駅では、扇形車庫と転車台をはじめ、10の施設が登録有形文化財に指定されている。事務室や休憩所、機関士が使っていた浴室など他では見られないユニークな施設も多い。天竜二俣駅では毎日ガイドによる見学ツアーを開催しており、貴重な施設や資料を解説とともに見ることができる。

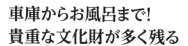

登録有形
文化財

Information

●アクセス／天竜浜名湖鉄道 天竜二俣駅

●見学時間／平日は1日1回、土日祝は2回、見学ツアーを実施

●見学料金／無料（駅構内は要入場券または乗車券）

国鉄時代から引き継がれている扇形車庫と転車台。いまもディーゼル車の運行に使用されている

蒸気機関車の機関士が、煤を流すために使用していたお風呂。洗濯所、脱衣場、浴室から成る

愛知県半田市

亀崎駅舎

明治時代に造られた駅舎がいまもきれいに残る亀崎駅

現役最古とされる
駅舎の一つ

1886（明治19）年に開業した武豊線の亀崎駅。駅舎
は開業時に造られたものとされ、現存する最古の現役
駅舎といわれる。駅舎内には「M18年1月」と書かれ
た建物資産標も見られる。ただし、1895（明治28）
年の当駅での火災の記録が残っており、駅舎もこの
ときに再建された可能性がある。その場合は、香川県
にある土讃線の善通寺駅（1889［明治22］年造）が
最古の駅舎になる。武豊線には他にも旧武豊港駅構
内の転車台など貴重な鉄道遺産が遺されている。

Information

● アクセス／JR亀崎駅
● 見学時間／自由
● 見学料金／無料（駅構内は要入
　場券または乗車券）

滋賀県大津市

旧逢坂山隧道

旧逢坂山隧道の東口。トンネル内部は研究施設として利用されているが、入り口付近は見学可能

日本初の日本人による
鉄道トンネル

1880（明治13）年に開通した、日本人のみの手によって造られた初めての鉄道トンネル。このトンネルの開通によって東海道線の琵琶湖以西（神戸～大津間）が全通した。1921（大正10）年に新逢坂山隧道を通る新線が開業し、旧線は廃止に。のちに旧逢坂山隧道の西口は名神高速道路用地となったが、東口は京都大学の研究施設に利用されており、入り口付近は見学可能。レンガ積みの内部や時の太政大臣・三条実美による「樂成頼功」の扁額などが見られる。

鉄道
記念物

Information

●アクセス／JR大津駅より徒歩
15分
●見学時間／自由
●見学料金／無料

滋賀県長浜市

長浜駅旧駅舎

赤レンガの門を備えた洋館のようなデザイン。旧駅舎がある長浜鉄道スクエアでは北陸本線で活躍したD51形機関車など
も展示されている

現存最古の駅舎建築
貴重な歴史資料も展示

1882（明治15）年に完成した、現存する日本最古
の駅舎建築である旧長浜駅舎。木骨構造の石灰コン
クリート造りの瀟洒な洋風駅舎だ。長浜駅は、東海
道本線全通前は琵琶湖汽船と連絡し、また敦賀方面
と名古屋方面を結ぶ要衝であった。駅舎内には鉄道
連絡船の広告など貴重な資料も展示されている。現
在は隣接する長浜鉄道文化館、北陸線電化記念館と
ともに「長浜鉄道スクエア」として鉄道の歴史が学
べる見学施設になっている。

鉄道
記念物

Information

● アクセス／JR長浜駅より徒歩3
分
● 見学時間／9時30分〜17時、
年末年始休館
● 見学料金／300円

阪堺電気軌道161形電車

昭和40年当時の姿に復元された161号車。臨時列車として運用されることがほとんどだが、まれに定期運用に入ることも

90年以上走り続ける
現役路面電車

定期運用で使用される列車としては、現役日本最古
の車両である阪堺電気軌道の161形電車。1928（昭
和3）年の登場以来、100年近くにわたって活躍を続
けている。2011（平成23）年には、開業100周年の
記念として161号車が昭和40年代のデザインにリバ
イバル。グリーンの外装のほか、内装もペンキをは
がし、ニス塗や真鍮の装飾など細部に至るまで復元
された。現在は4両が営業運転で使用され、定期運
用以外にも、イベント時の臨時列車で活躍している。

> Information
> ●アクセス／阪堺電気軌道各線
> ●見学時間／不定期（臨時列車は
> 公式WEBサイトなどで告知さ
> れる場合もあり）
> ●見学料金／乗車には乗車券が必
> 要

鳥取県若桜町

若桜駅 鉄道施設群

若桜駅にある機関車転車台。直径15mのプレートガーターを用いた上路式で、人力によって回転する

鉄道遺産が目白押しの
若桜鉄道の終着駅

国鉄若桜線を前身とする若桜鉄道。沿線には蒸気機関車時代の名残を残す多数の鉄道遺産があり、23件が登録有形文化財に指定されている。中でも、終着駅の若桜駅は、駅舎のほか、転車台や車庫、給水塔、物置や転轍機を操作する係員の待機所など鉄道遺産が目白押しだ。その他の鉄道遺産も車窓から見られるものや最寄駅から徒歩圏内で行けるものも多く、フリー乗車券などを活用して遺産めぐりを楽しみたい。

登録有形
文化財

Information

● アクセス／若桜鉄道 若桜駅
● 見学時間／自由
● 見学料金／無料（駅構内は要乗車券または入場券）

福岡県大牟田市

三井三池炭鉱専用鉄道跡

三池炭鉱宮原抗跡の脇に残る専用線跡。重い石炭貨物をスムーズに運搬できるよう、線路部分は切土・盛土をして平坦に整えられている

日本の近代化を支えた
産業革命遺産の一部

1878（明治11）年に馬車鉄道として開業した石炭輸送のための専用鉄道跡。2015（平成27）年に世界遺産に登録された「明治日本の産業革命遺産」の構成遺産の一つ。1997（平成9）年の炭鉱閉山まで運行された。線路は撤去され、現在は一部区間に閉山時の枕木などが残されている。枕木は三池炭鉱宮原坑跡付近で見られるほか、宮原抗跡から徒歩10分ほど南下すると鉄道専用橋の諏訪川橋梁も見ることができる。

世界遺産

Information

●アクセス／JR大牟田駅より車15分
●見学時間／自由
●見学料金／無料

熊本県人吉市

人吉機関庫

今も現役で使われる
明治末築の石造機関庫

人吉駅に隣接して1911（明治44）年に創建された
石造りの機関車庫。石造部分は創建時のもので、地
元の溶結凝灰岩が使用されている。2017（平成
29）年には、のちに造られた鉄骨トラスやレール造
りの部分を撤去し、創建時の姿を復原。現在も現役
の車庫として活用され、SL人吉の給水作業やメンテ
ナンスが行われている。しかし、SL人吉は2024年
の運行終了が予定されており、"生きた機関庫"の姿
を見られるのは今だけかもしれない。

Information

●アクセス／JR人吉駅より徒歩3
分
●見学時間／自由
●見学料金／無料

人吉機関庫から発車するSL人吉。石造車庫からSLが出ていく姿を見られるのも今が最後かもしれない

2017年に創建時の姿に復原され、見
学スペースも拡大された。見学スペー
ス脇には転車台も見られる

佐賀県佐賀市・福岡県大川市

筑後川昇開橋

鉄道橋としての役割は終えたが、地元のシンボルとして残されている。日没〜22時まではライトアップされ幻想的な風景に

地元の声で残された
現存最古の昇開橋

重要
文化財

筑後川に架かる旧国鉄佐賀線で使われていた橋梁。
国内に現存する昇開式の可動橋としては最古のもの。
全長は507.2mで、中央の24.2mが可動部となっており23m上昇可能。1987（昭和62年）の佐賀線の廃止にともない鉄道橋としての役目は終えたが、地元の要望によって遊歩道として整備され、現在は歩いて渡ることができる。筑後川をはさんで佐賀県佐賀市と福岡県大川市を結び、佐賀県側は佐賀駅、福岡県側は西鉄柳川駅からそれぞれバスでアクセスできる。

Information

●アクセス／JR佐賀駅より佐賀市営バス「昇開橋」下車5分または西鉄柳川駅より西鉄バス「大川橋」下車10分
●見学時間／9〜21時（3〜11月）、9〜17時（12〜2月）、年末年始休業
●見学料金／無料

2章

車両を堪能する
鉄道観測スポット

文・写真／松尾 諭

北海道網走市

JR北浜駅展望台

展望台が構内にある
オホーツク海に一番近い駅

"オホーツク海に一番近い駅"とされる北浜駅には釧網本線の全列車が停車する。駅構内にある木製の展望台に登ると、オホーツク海の海岸線に沿って走る列車、ホームに停車する列車、ホームから発車する列車、さらに知床連山とさまざまなシーンに出会える。季節によって変化するオホーツク海は冬には流氷が押し寄せて神秘的な世界が広がる。立派な木造駅舎内では軽食＆喫茶「停車場」が営業中。列車ウォッチングの合間に利用したい。

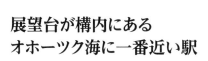
在来線

Information

●アクセス／JR北浜駅
●見学時間／自由（喫茶は11～18時、火曜定休）
●見学料金／無料（要入場券または乗車券）

構内にある木製の展望台から網走方面を望む。流氷が押し寄せるオホーツク海をバックに北浜駅に入線するキハ54形の「流氷物語」

左／キハ40形の「道北 流氷の恵み」と「道東 森の恵み」車両で運行する「流氷物語」が北浜駅に停車中　右／オホーツク海に一番近い北浜駅。駅舎内で営業する軽食＆喫茶「停車場」は駅事務室を利用している

北海道木古内町

北海道新幹線 ビュースポット

上／EH800が牽引するコンテナ貨物列車（在来線）も新幹線とレールを共用して走る　下／北海道新幹線のカラーリングをデザインした立派な展望台

展望台から眺める 北海道新幹線の走行シーン

2016（平成28）年3月に開業した北海道新幹線、本州と北海道を結ぶ貨物列車の走行シーンが見られる展望台。木古内駅から青函トンネル方面へ3kmほどの場所に設置された。ここは新幹線と在来線の三線軌条化された共用区間。木古内方面では新幹線と在来線が分岐するポイントも眺めることができる。展望台には双眼鏡も用意され、高速で駆け抜ける様子は迫力満点だ。北海道新幹線はJR東日本のE5系およびJR北海道のH5系のどちらかで運転されている。

新幹線　貨物列車

Information

●アクセス／JR・道南いさりび鉄道木古内駅より徒歩約40分または車約10分
●見学時間／自由
●見学料金／無料

展望台から見下ろすと三線軌条化された新幹線と在来線の共用区間であることがよく分かる。E5系新幹線が木古内へ向けて高速で通過

岩手県遠野市

JR釜石線の
めがね橋

煙を吐きながら通過する
「SL銀河」のビュースポット

宮守川橋梁は釜石線を代表するビュースポットで
「めがね橋」と呼ばれて親しまれている。釜石線に
は土曜・日曜日を中心に花巻〜釜石間を2日間かけ
て往復する「SL銀河」が運転され、このめがね橋も
通過する。盛大に煙を吐きながら走る蒸気機関車は
一見の価値あり。レストランもある道の駅みやもり
に隣接するように広場があり、どこからでも「SL銀
河」を見ることができる。夜間にはめがね橋にライ
トアップが行われ幻想的な光景となる。

在来線   SL

Information

●アクセス／JR宮守駅より徒歩
約7分
●見学時間／自由
●見学料金／無料

釜石線を象徴するめがね橋を豪快に煙を上げながら走る「SL銀河」。2023（令和5）年春に運行終了することが発表された

夜にはライトアップが行われる。列車とめがね橋を照らし出すレインボーのライトが川面に映る

宮城県柴田町

しばた千桜橋
せんおうきょう

しばた千桜橋から眺める
東北本線と一目千本桜

東北本線は宮城県に入ると桜の名所として知られる
一目千本桜を通り抜ける。2015（平成27）年に船
岡城址公園と一目千本桜を結ぶ歩道橋「しばた千桜
橋」が線路を跨ぐ形で完成。残雪の蔵王連峰をバッ
クに桜が咲き誇る絶景が見られるようになった。新
たな鉄道ビュースポットとなった歩道橋からは両方
向に線路が見渡せる。東北本線は優等列車こそ走ら
ないが、普通列車の本数も多く、他にEH500が牽引
する貨物列車を見ることができる。

在来線 　　貨物列車

Information

●アクセス／JR船岡駅から徒歩
　約15分
●見学時間／自由
●見学料金／無料

観光客も少なくなった夕刻、一目千本桜は逆光に輝き、東北本線の普通列車に彩りを添える

しばた千桜橋から眺める蔵王連峰と一
目千本桜。上り列車と下り列車がタイ
ミングよく離合した

茨城県水戸市

偕楽園付近の歩道橋

偕楽園の梅を横目に水戸へ向けて快走する常磐線の特急列車

線路を跨ぐ歩道橋から眺める
偕楽園の梅と列車のコラボ

在来線

日本三名園のひとつに数えられている「偕楽園」は梅の名所としても知られ、例年2月〜3月に開催される梅まつりの時期は大勢の観光客で賑わう。常磐線も普段は通過扱いとなる臨時の偕楽園駅に停車する。線路を跨ぐ歩道橋が偕楽園駅西側に架かり、ここから偕楽園の梅と列車のコラボが見られる。E657系を使用した特急「ひたち」と「ときわ」、普通列車が颯爽と駆け抜ける。偕楽園観光とセットで楽しめる一石二鳥のビュースポットだ。

Information

●アクセス／JR偕楽園駅（2月上旬〜3月下旬のみ）より徒歩約3分
●見学時間／自由
●見学料金／無料

栃木県真岡市

真岡鐵道 久下田駅

左／久下田駅に咲き乱れる桜と「SLもおか」
右／SL編成の回送も兼ねて走るディーゼル機関車牽引の
旅客列車

満開の桜に包まれた久下田駅
SL「もおか」が花道を走る

「SLもおか」が走る真岡鐵道は下館と茂木を結ぶ
41.9kmの路線。春は桜と菜の花が咲き誇るベスト
シーズン。「SLもおか」も停車する久下田駅は無
人駅ながら構内の桜は立派な大木で見事な咲きっぷ
りを見せる。満開とSL運転日が重なると大勢の鉄
道ファンや観光客が集まる。蒸気機関車の煙の臭い、
桜の美しさを間近で感じるビュースポットとしてお
すすめしたい。駅や駅周辺、北側に架かる石島跨線
橋（駐車スペース、歩道あり）からも眺められる。

私鉄　　SL

Information

●アクセス／真岡鐵道 久下田駅
●見学時間／自由
●見学料金／無料（要入場券また
は乗車券）

東京都北区

北とぴあ
<ruby>北<rt>ほく</rt></ruby>

展望ロビーから一望
都内を走る新幹線と在来線

| 新幹線 | 在来線 | 貨物列車 |

東京都北区のシンボルでもある「北とぴあ」。館内のエレベーターで17階の展望ロビーに上がれば3方向の展望を窓ガラス越しに楽しめる。東北・上越・北陸新幹線を筆頭に在来線は京浜東北線、東北本線（宇都宮線）、高崎線まで一望のもとに見渡すことができる。望遠鏡を覗くと路面を走る都電荒川線の姿も。飛鳥山の桜、東京スカイツリーも見える都心の夜景もおすすめ。臨時の休館日もあるので訪問前には要チェック。

Information

●アクセス／JR・東京メトロ王子
　駅より徒歩約2分
●見学時間／8時30分〜22時
●見学料金／無料

飛鳥山の桜、東北・上越・北陸新幹線や在来線が眺められる「北と
ぴあ」の展望ロビー。E6系7両とE5系10両が併結された17両編成
の新幹線が眼下に見える

北側の展望ロビーからは上り列車を見
下ろせる。鮮やかなブルーのE7系12両
編成が東京へ向けてスピードを落とし
ながら走行する

静岡県静岡市

薩埵峠展望台
さった

日本の大動脈が走る
富士山と駿河湾の絶景

東海道本線に加え、富士由比バイパス（国道1号線）、東名高速道路と日本の大動脈が見下ろせる薩埵峠。富士山と駿河湾が望める絶景は江戸時代の浮世絵師である歌川広重が『東海道五十三次之内』の由井として描いたほど。東海道本線は普通列車と特急「ふじかわ」、そして長いコンテナを連ねた貨物列車が走るので見ごたえがある。遊歩道と展望台も整備されているので安心だ。一度は行ってみたい日本を代表するビュースポットと言えるだろう。

Information

●アクセス／JR興津・由比駅より徒歩約45分または車約10分
●見学時間／休業中（2022年12月現在）
●見学料金／無料

富士山と駿河湾の絶景は整備された展望台や遊歩道から見ることができる。東海道本線に国道、高速と日本の大動脈であることを痛感する

在来線　　　貨物列車

静岡県御殿場市

狩屋踏切

富士山をバックに走る
ロマンスカー「ふじさん」

車窓に富士山が映る御殿場線を沿線から見学しよう。「パレットごてんば」というスポーツ施設の近くにある狩屋踏切付近がビュースポット。さえぎるものなく見える雄大な富士山をバックに御殿場線の列車が走るという素晴らしいロケーションだ。なかでも注目は小田急電鉄小田原線から御殿場線に乗り入れる特急「ふじさん」。一日3往復運転されている。ブルーの車体が美しい小田急ロマンスカーの60000形（MSE車）は富士山に映えること間違いなし！

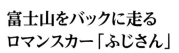

在来線

Information

●アクセス／JR御殿場駅より徒歩約30分または車約5分
●見学時間／自由
●見学料金／無料

びっしりと雪が積もった富士山を背景にブルーの小田急ロマンスカーが走る。写真撮影するなら特急「ふじさん2号」がおすすめ

日の入り前の黄昏時、富士山は逆光になってしまうが、小田急ロマンスカーは茜色に染まる

愛知県名古屋市

グローバルゲート
屋上庭園

名古屋エリアの鉄道を一望する
フリースペースの屋上庭園

2017（平成29）年10月に開業した「グローバル
ゲート」はレストランやカフェもある商業施設。誰
でも利用できるフリースペースが5階の屋上庭園だ。
ここから名古屋駅、東海道新幹線、あおなみ線、関
西本線、近畿日本鉄道名古屋線など名古屋エリア
の鉄道が見渡せる。ささしまライブ駅近くに位置し、
あおなみ線は旅客列車以外に名古屋貨物ターミナル
へ行き交う貨物列車も見える。建物内にはコンビニ
やトイレもあり、快適に過ごすことができる。

新幹線　在来線

Information

●アクセス／あおなみ線 ささしま
ライブ駅より徒歩約3分
●見学時間／自由
●見学料金／無料

グローバルゲート5階の屋上庭園からは名古屋エリアの鉄道、車両基地が見渡せる。ささしまライブ駅から近く気軽に立ち寄ることができる

貨物列車

名古屋貨物ターミナル発着の貨物列車、関西本線経由の貨物列車もあおなみ線を通る

滋賀県長浜市

田村山

田村山の山頂から眺める 琵琶湖と北陸本線

長浜〜田村間の東側に位置する標高138mの田村山の山頂からは琵琶湖と北陸本線の列車が眺められる。遊歩道も整備され、登山時間は10分ほどなのでアクセスしやすい。北陸本線の主役は名古屋・米原と金沢を結ぶ特急「しらさぎ」。681系あるいは683系を使用し、通常6両編成で運転されるが、最大9両編成が組まれることも。田村駅のひとつ先は長浜駅。日本最古の旧長浜駅舎が保存されている「長浜鉄道スクエア」も合わせて見学したい。

在来線

Information

●アクセス／JR田村駅より徒歩約20分
●見学時間／自由
●見学料金／無料

青い湖面の琵琶湖、田園地帯を走る北陸本線の特急「しらさぎ」を俯瞰する田村山。標高138mなので登山時間は10分ほど

右にカメラを振ると長浜城（長浜城歴史博物館）、長浜の市街地が見える。9両編成の特急「しらさぎ」を捉えた

京都府笠置町

JR笠置駅

満開の桜とキハ120形ディーゼルカーとの共演は見事だ

桜とディーゼルカー
今も昔も桜の名所の笠置駅

明治時代に開業した笠置駅は今も昔も桜の名所。かつては優等列車や貨物列車も走っていたが、現在はキハ120形気動車が1両か2両編成で運転されるのみ。それでも上下列車ともに1時間に1本以上は設定されている。春には笠置駅周辺は桜が咲き誇り、ホームや周辺の道路から桜とディーゼルカーが眺められる。さらに、駅舎内にはカフェとネイルサロンを併設した「STATION!!」（月曜・火曜日定休）も入り、列車待ちの時間も楽しく過ごせる。

在来線

Information

●アクセス／JR笠置駅
●見学時間／自由
●見学料金／無料（駅施設は要入場券または乗車券）

京都府亀岡市

JR保津峡駅

ホームからとは思えない絶景が広がる。紅葉や新緑の時期は特に美しい

保津峡駅ホームから見る
嵯峨野観光鉄道のトロッコ列車

私鉄

山陰本線の旧線を活用してトロッコ列車「嵯峨野号」を運行する嵯峨野観光鉄道はトロッコ嵯峨～トロッコ亀岡間7.3kmの路線。車窓を楽しむトロッコ列車は外から見る場所が限られてしまう。そこでトロッコ列車を見学するのにおすすめなのが山陰本線の保津峡駅だ。京都方面から普通列車に乗ってホームに下りた場所がビュースポット。亀岡・園部・福知山方面の下り2番線ホームになる。快速や特急列車は保津峡駅を通過するので十分注意しよう。

Information

●アクセス／JR保津峡駅2番線ホーム
●見学時間／自由
●見学料金／無料（要入場券または乗車券）

大阪府大阪市

加島陸橋

上／一番外側（南側）の線路を走る12両編成の225系新快速電車　下／国鉄型のEF65が先頭に立ち、高松貨物ターミナルへ向かう貨物列車

高層ビル群をバックに走る
コンテナ貨物列車

新幹線	在来線	貨物列車

大阪市内の高層ビル群をバックに高架上の山陽新幹線、貨物列車専用の北方（ほっぽう）貨物線、JR神戸線の愛称がある東海道本線、福知山線（JR宝塚線）を見ることができる加島の陸橋。歩道は設けられているが、安全には十分注意しよう。なかでも貨物列車は迫力があり、下り列車が貨物専用線からスロープを下りて本線に合流するシーンは見ごたえがある。新快速や普通列車、特急「はまかぜ」や「こうのとり」などが高頻度で走るビュースポットだ。

Information

●アクセス／JR加島駅より徒歩約8分
●見学時間／自由
●見学料金／無料

高層ビル群が林立する都市の景観とEF210が牽引するコンテナ貨物列車

島根県浜田市

道の駅
ゆうひパーク三隅（みすみ）

道の駅から眺める
山陰本線のディーゼルカー

風光明媚なイメージの山陰本線だが、特に三保三隅〜折居間は日本海の海岸線に沿って走る。そんな山陰本線のハイライトシーンが道の駅ゆうひパーク三隅から眺められる。ローカル線らしいディーゼルカー（普通列車）をはじめ、特急「スーパーおき」や「スーパーまつかぜ」も海沿いの舞台に登場。道の駅自体が"鉄道ファンの聖地"をPRするほど知名度も高い。讃岐うどん店やテイクアウトカフェもあるので鉄分以外もしっかり補給できるだろう。

在来線

Information

●アクセス／JR折居駅より徒歩約20分
●見学時間／自由
●見学料金／無料

道の駅から眺める日本海と山陰本線のハイライトシーン。キハ120形が真っ青な日本海の大海原を進む

特急「スーパーおき2号」が通過。さまざまな角度から日本海と列車を見ることができる

徳島県三好市

サンリバー大歩危

吉野川橋梁を渡る観光特急「四国まんなか千年ものがたり（しあわせの郷紀行）」

鉄道ファン専用ルームもある
大歩危峡の温泉ホテル

土讃線の大歩危〜小歩危間に架かる吉野川橋梁付近に建つ「サンリバー大歩危」は大歩危温泉の宿泊施設。鉄道写真家の坪内政美氏が手がけた鉄道ルーム「ムーンライト大歩危」は室内装飾や部屋からの眺望にこだわった鉄道ファン向けの客室（和室）だ。宿泊客は特権として客室などから四季折々の大歩危の渓谷美と吉野川橋梁を渡る特急「南風」と「しまんと」、観光特急「四国まんなか千年ものがたり」、普通列車などを見ることができる。

在来線

Information

● アクセス／JR小歩危駅より徒歩約20分（大歩危駅・小歩危駅より送迎あり）
● 見学時間／自由
● 見学料金／1泊2食付き1万3200円〜（「ムーンライト大歩危」ルーム。時期によって変動あり）

熊本県宇城市

JR三角駅
（みすみ）

行き止まりの三角駅で発車を待つ熊本行きのキハ40系普通列車

瀟洒な駅舎が特徴
行き止まりホームの終着駅

三角線は鹿児島本線の宇土から分岐して三角まで至る25.6kmのミニ路線。観光特急「A列車で行こう」も含めて全列車が熊本〜三角間で運行されている。終着駅の三角駅は瀟洒な外観の駅舎が特徴で待合室から三角港の海が眺められる。列車は行き止まりのホームから見学しよう。全列車が熊本へ向けて折り返すので、到着から発車まで列車を見ることができる。駅の近くにある三角港フェリーターミナル「海のピラミッド」の展望台もおすすめ。

在来線

Information

●アクセス／JR三角駅
●見学時間／自由
●見学料金／無料（要入場券または乗車券）

鹿児島県指宿市<ruby>指宿<rt>いぶすき</rt></ruby>市

JR西大山駅

JR日本最南端の西大山駅に停車するキハ40系。ホームから開聞岳も眺められる

<ruby>開聞岳<rt>かいもんだけ</rt></ruby>と標柱で知られる
JR日本最南端の西大山駅

1面1線のホームがあるだけの西大山駅はJR日本最南端の駅。ホームから見える開聞岳とJR日本最南端の標柱はあまりにも有名だ。枕崎方面の下り列車7本、鹿児島中央方面の上り列車8本が停車する。車両は九州カラーのキハ40系国鉄型ディーゼルカー。指宿枕崎線の列車に乗って、駅や駅前、列車をウォッチング。すぐ近くに食事や休憩、さらにはレンタサイクル、観光案内まで行う土産物店「かいもん市場 久太郎」があるので便利だ。

在来線

Information

●アクセス／JR西大山駅
●見学時間／自由
●見学料金／無料（要入場券または乗車券）

3章

あの名シーンを再現！
ロケ地巡り

北海道南富良野町

『鉄道員』
JR幾寅駅

レトロな風情の駅舎は映画にあわせて改修されたもの。キハ40系をキハ12に改造した劇中車両も屋外に展示されている

廃線がせまる
「鉄道員」の舞台

映画

高倉健主演映画『鉄道員』の舞台となった根室本線の幾寅駅。劇中では架空の路線・幌舞線の終着駅「幌舞駅」の名で登場する。撮影にあたりレトロな木造駅舎に改修された。現在も「幌舞駅」の駅名標が掛けられ、駅前にはロケで使われた車両や食堂の建物なども保存されている。映画では幌舞線の廃止が決まる中で、鉄道員として愚直に生きた主人公の姿が描かれる。根室本線の新得〜富良野駅間は廃止が本格的に検討されており、現実でも駅の廃止は目前に迫っている。

Information
- ●アクセス／JR幾寅駅
- ●見学時間／自由
- ●見学料金／無料

北海道小樽市

グリコ「ポッキー」CM
JR蘭島駅

現在もホームからの眺めはCM登場時と大きく変わらない印象。奥の木造跨線橋がいい味を出している

CMにも登場した
木造の跨線橋が印象的

1988（昭和63）年放映の南野陽子が出演するグリコ「ポッキー」のCMのロケ地。CMでは駅名が「みなやま駅」となっていた。駅舎はリニューアルされたものの、CMの最後に映る木造の跨線橋は健在。2005（平成17）年公開の映画「NANA」にも「北港駅」として登場している。蘭島海水浴場の最寄り駅で、かつては夏場に海水浴客が殺到。臨時快速『らんしま号』が運転されたこともある。北海道新幹線の函館延伸にともない、本駅も将来的な廃止が予定されている。

CM

Information

●アクセス／JR蘭島駅
●見学時間／自由
●見学料金／無料

岩手県山田町

『すずめの戸締まり』
三陸鉄道 織笠駅

半円形のようなユニークな駅舎が印象的な織笠駅。映画には三陸鉄道と思しき車両も登場した

『すずめの戸締まり』の
ラストシーンの駅

2022（令和4）年に公開されたアニメ映画『すずめの
戸締まり』に登場し、一躍注目を集めている新たなア
ニメ聖地。クライマックスの舞台がこの織笠駅とされ
ている。織笠駅はもともとJR山田線の駅で、2011（平
成23）年に発生した東日本大震災で津波により流失。
2019（平成31）年に現在の位置に移転し、三陸鉄道
リアス線の駅として再出発した。映画は震災をテーマ
に据えており、災害の記憶を引き継ぎながらも、「聖
地」として前向きに盛り上がることを期待したい。

アニメ　　映画

Information
●アクセス／三陸鉄道 織笠駅
●見学時間／自由
●見学料金／無料

『あまちゃん』
三陸鉄道 大沢橋梁

トンネル区間の多いリアス線で、車窓から太平洋をじっくり眺められる貴重なスポット

『あまちゃん』にも登場した
三陸鉄道きっての絶景スポット

ドラマ

三陸鉄道リアス線の堀内〜白井海岸駅間に架かる大沢橋梁。2013（平成25）年に放映されたNHKの朝の連続テレビ小説『あまちゃん』で列車に乗って上京する主人公・アキを眼下の浜から祖母の「夏ばっぱ」が見送るシーンに登場した。この橋梁はリアス線きってのオーシャンビューポイントの一つでもあり、列車は橋梁上で観光停車する。堀内駅から徒歩20分ほどにある「レストハウスうしお」付近は太平洋と橋梁を俯瞰できるスポットとしてドラマ放映以前から人気の撮影地だ。

Information

- ●アクセス／三陸鉄道 堀内〜白井海岸駅間
- ●見学時間／列車の時刻による
- ●見学料金／該当区間の乗車券が必要

新潟県柏崎市

『高校教師』
JR青海川駅
（おうみがわ）

日本海の白波が打ち寄せる青海川駅。「日本一海に近い駅」の一つともいわれる

寂寥感を演出する
ホームに打ち寄せる日本海

ドラマ

1993（平成5）年に放映された、真田広之・桜井幸子主演ドラマ『高校教師』。そのクライマックスで、主人公2人が列車に乗り込んだ駅が信越本線の青梅川駅だ。冬の日本海が打ち寄せるホームから新潟色の115系に乗り込み、車内でのラストシーンへとつながっていく。青海川駅は「日本一海に近い駅」の一つとされており、ドラマでは寂しさを感じさせる冬の日本海が印象的だったが、天気のいい日には青い海が眼下に広がる絶景駅でもある。

Information
- ●アクセス／JR青海川駅
- ●見学時間／自由
- ●見学料金／無料

埼玉県秩父市

『あの日見た花の名前を僕たちはまだ知らない。』
秩父鉄道 秩父駅

ヒロインのめんまが渡っていた線路沿いの柵も劇中の印象そのまま

めんまが歩いた
線路わきの道

秩父を舞台にしたアニメ『あの日見た花の名前を僕たちはまだ知らない。』には、秩父の街や西武秩父線沿線の風景が繊細に描かれる。写真の秩父鉄道秩父駅近くの線路沿いの道は、1話でじんたんとめんまが散歩するシーンをはじめ作中でたびたび登場。秩父駅を出て左側（御花畑駅方面）、線路沿いに向かって進むとすぐにたどりつく。秩父駅周辺には秩父神社や羊山公園、隣駅の西武秩父駅など劇中に登場するスポットが多数存在し、「巡礼地」となっている。

アニメ

Information
●アクセス／秩父鉄道 秩父駅より
　徒歩5分
●見学時間／自由
●見学料金／無料

東京都多摩市

『耳をすませば』
京王電鉄 聖蹟桜ヶ丘駅

聖蹟桜ヶ丘駅前。劇中でも描かれた京王デパートの看板が目に入る

物語の舞台となる
「坂の街」の玄関口

1995（平成7）年に公開されたスタジオジブリ作品
『耳をすませば』。物語の舞台は京王線の聖蹟桜ヶ
丘〜百草園駅周辺がモデルとされている。冒頭に主
人公の雫が降り立つ「杉の宮駅」は聖蹟桜ヶ丘駅が
モデル。改札や駅前の京王デパートなどもリアルに
描写されている。現在は、駅前にロケ地マップと物
語に登場する「地球屋」をモチーフにしたモニュメ
ントが設置。駅メロも映画の主題歌の「カントリー
ロード」が流れるなど聖地として定着している。

映画 アニメ

Information
● アクセス／京王電鉄 聖蹟桜ヶ丘
駅
● 見学時間／自由
● 見学料金／無料（改札内に入る
には要入場券または乗車券）

東京都練馬区

『チェンソーマン』
西武鉄道 練馬駅

現実世界とは少し異なる日本が舞台だが、練馬駅前の描写は実際のものに近い

話題のアニメで
注目の新聖地

2022（令和4）年10月から放映のアニメ『チェンソーマン』。1990年代後半の現実とは異なる歴史を歩む日本が舞台とされており、都内に路面電車が走っていたり、旧駅舎の京都駅と0系新幹線が登場したりと現実では見られない不思議な鉄道風景が出てくる。そんな中で、練馬駅周辺は劇中にたびたび登場するが、こちらは高架後の駅舎で現実の印象に近い街並みが描写されており、早くも聖地として注目を集めている。

アニメ

Information

●アクセス／西武鉄道・都営地下鉄 練馬駅
●見学時間／自由
●見学料金／無料（改札内に入るには要入場券または乗車券）

神奈川県小田原市

『ラブライブ！サンシャイン!!』
JR根府川駅

かわいらしい木造駅舎に、ホームからは太平洋を望むことができる。元日には初日の出の鑑賞スポットとしてもにぎわう

物語の中心・沼津から
足を延ばして立ち寄りたい

アニメ

スクールアイドル「Aqours（アクア）」の活躍を描く
アニメ『ラブライブ！サンシャイン!!』。静岡県沼津市
が舞台で、東海道本線沿線や伊豆エリアの風景が多
く登場。物語の中心となる沼津から少し離れるが東海
道本線の根府川駅も聖地の一つ。前作となる『ラブラ
イブ！』の重要シーンの舞台であり、それとオーバー
ラップするような「Aqours」の決意のシーンが描かれ
た。なお、実際の根府川駅で作中のような茜色に染ま
る駅を見るには、夕焼けでなく朝焼けの時間となる。

Information

●アクセス／JR根府川駅
●見学時間／自由
●見学料金／無料

『SLAM DUNK』
鎌倉高校前踏切

踏切は鎌倉高校前駅を出て七里ヶ浜駅方面に進むとすぐにたどり着く。晴れた日には青い海と空にレトロな路面電車が映える

オープニングに登場する
絵になる踏切

アニメ

湘南にある架空の高校を舞台としたバスケットボールアニメの金字塔『SLAM DUNK』。アニメのオープニングに登場し“スラムダンクの踏切”としてファンに親しまれているのが、江ノ島電鉄の鎌倉高校前駅付近にある踏切だ。湘南の海をバックに路面電車が踏切を横切っていく様が絵になり、湘南や鎌倉を舞台にした作品によく登場する。付近は車も人も行き交う交通量の多い場所のため、歩道などの安全な場所からの鑑賞や撮影を心掛けたい。

Information

●アクセス／江ノ島電鉄 鎌倉高校前駅より徒歩3分
●見学時間／自由
●見学料金／無料

山梨県身延町

『ゆるキャン△』
JR甲斐常葉駅

主人公の一人、なでしこが座っていたベンチなどもアニメそのままに置かれている

主人公たちの通う高校がある
山麓の長閑な無人駅

山梨県を中心に、アウトドア趣味を楽しむ女子高校生たちの日常を描く『ゆるキャン△』シリーズ。キャンプシーンだけでなく、日常風景の描写にも力が入っており、中部地方のローカル線もたびたび登場。甲斐常葉駅は主人公たちが通う本栖高校の最寄り駅で、ホームや周囲の風景に至るまでリアルに描写されている。駅や通学路、本栖高校のモデル地などにはアニメのシーン付きの案内看板が設置されており、聖地を訪れるファンを楽しませてくれる。

アニメ

Information
- ●アクセス／JR甲斐常葉駅
- ●見学時間／自由
- ●見学料金／無料

静岡県三島市

『逃げるは恥だが役に立つ』
伊豆箱根鉄道駿豆線

伊豆箱根鉄道の3000系電車。本作のほかにも、伊豆を舞台にしたアニメやドラマに登場し、ラッピング列車が運行されることも

幸せを呼ぶ!?
人気ドラマに登場した車両

2016（平成28）年放映のドラマ『逃げるは恥だが役に立つ』で、新垣結衣演じるみくりと星野源演じる平匡が修善寺への旅行の帰路に乗っていたのが伊豆箱根鉄道駿豆線の3000系電車だ。ボックスシートでのキスシーンが話題を呼び、のちに主演の二人が結婚した際にも、ロケに使われた座席が「聖地」として盛り上がった。ドラマでは10編成30両のうち1両だけにある「ハートのつり革」が映りこんでおり、巡り合えたらラッキーな電車とされている。

ドラマ

Information
●アクセス／伊豆箱根鉄道駿豆線
　修善寺〜三島駅間
●見学時間／列車の時刻による
●見学料金／520円（修善寺〜三
　島駅間の乗車券）

愛知県名古屋市

JR東海「クリスマス・エクスプレス」CM JR名古屋駅

夜の名古屋駅の新幹線ホーム。恋人がムーンウォークで登場するシーンは14番線で撮影されている

クリスマスの逢瀬を描く 往年の名CMの舞台

東海道新幹線を舞台にしたJR東海のイメージCM「クリスマス・エクスプレス」シリーズ。第一作では名古屋駅のホームを舞台に、深津絵里が新幹線から恋人の帰りを待つ少女を演じた。印象的なムーンウォークのシーンは名古屋駅の14番ホームで撮影。以降のシリーズでも名古屋駅はたびたび登場している。2022（令和4）年には本CM以来33年ぶりに深津絵里がJR東海のCMに出演。コロナ禍でのビジネスシーンの出会いが描かれた。

CM

Information

●アクセス／JR名古屋駅
●見学時間／自由
●見学料金／無料（要入場券または乗車券）

京都府宇治市

『響け!ユーフォニアム』
京阪電気鉄道 宇治駅

主人公・久美子が通学に使う京阪宇治駅。アニメではホームや車両の細部まで丁寧に描写されている

主人公たちの日常に溶け込む
リアルな鉄道描写

吹奏楽部で全国大会を目指す女子高生たちの青春を
描く『響け!ユーフォニアム』シリーズ。主人公た
ちの高校の最寄り駅である六地蔵駅や、主人公の自
宅がある京阪宇治駅をはじめ、作中には京阪電車の
駅や車両が登場。駅構内や車内の細部まで精緻に表
現されている。京阪電車の主要駅や観光案内所では
舞台めぐりマップが配布されており、ラッピング列
車やデジタルスタンプラリーなどの企画が開催され
ることも多いので、訪問の際はぜひチェックしたい。

アニメ

Information

●アクセス／京阪電気鉄道 宇治
　駅
●見学時間／自由
●見学料金／無料（ホーム等に入
　るには要入場券または乗車券）

兵庫県西宮市

『涼宮ハルヒの憂鬱』 阪急電鉄 甲陽園駅

改修により作中のホームの風景はもう見ることはできないが、外観は放映時の面影を残している

高校への坂に続く 「光陽園駅」のモデル

アニメ

2006・2009（平成18・21）年に放映されたアニメ『涼宮ハルヒの憂鬱』。主人公たちの通う架空の高校・県立北高校への最寄り駅「光陽園駅」のモデルとなったのが阪急の甲陽園駅だ。アニメ放映後に駅が改修され、駅前の街並みも変わりつつあるが、駅舎や踏切、通学路の坂など、随所にアニメで見た風景の面影を感じることができる。作中には西宮北口駅をモデルにした「北口駅」や阪急6000系電車など、ほかにも阪急沿線の風景が多数登場する。

Information

- ●アクセス／阪急電鉄 甲陽園駅
- ●見学時間／自由
- ●見学料金／無料（ホーム等に入るには要入場券または乗車券）

島根県奥出雲町

『砂の器』
JR八川駅

リニューアルし外観はさっぱりした印象だが、駅舎内にはレトロな風情の木造改札や券売所が残る

外観とホームでロケ地が異なる
映画版『砂の器』の亀嵩駅

松本清張のミステリー小説『砂の器』で一躍注目を
浴びた木次線の亀嵩駅。同作はたびたび映像化され
ており、亀嵩駅も当然各作品に登場するが、実は実
際の亀嵩駅で撮影された作品は少ない。1974（昭
和49）年公開の映画では、駅舎は八川駅、ホーム
は出雲八代駅で撮影されている。八川駅の駅舎はリ
ニューアルされ屋根や外壁がきれいになっているが、
木製のラッチなどは残されており原作の時代を思わ
せるような趣きが感じられる。

映画

Information
●アクセス／JR八川駅
●見学時間／自由
●見学料金／無料

山口県宇部市

『シン・エヴァンゲリオン劇場版:Ⅱ』 JR宇部新川駅

宇部新川駅そばの島通踏切から見た線路。奥には大正時代に造られたトラス橋「新川橋梁」が見える

ラストシーンの舞台となった 宇部新川駅

2021（令和3）年に公開された映画『シン・エヴァンゲリオン劇場版:Ⅱ』。ポスターに描かれているのは、宇部新川駅から琴芝駅方面に延びる線路である。ポスターには分岐が2個写っていることから宇部新川駅の関係者用踏切からの眺めではとされている。同踏切に立ち入ることはできないが、ホームの先端や駅近くの島通踏切から似たような構図を見ることができる。映画のラストシーンにも宇部新川駅が登場し、ホームや跨線橋を駆ける主人公たちの姿が描かれた。

アニメ 映画

Information

- アクセス／JR新宇部川駅
- 見学時間／自由
- 見学料金／無料（ホーム等に入るには要入場券または乗車券）

愛媛県松山市

『東京ラブストーリー』
伊予鉄道 梅津寺駅

梅津寺駅のホーム。ドラマのロケ地だったことを示す案内看板がある。奥に見えるのは興居島

ハンカチがたなびく
「恋のプラットフォーム」

1991（平成3）年に放映され一世を風靡した、鈴木保奈美と織田裕二主演の月9ドラマ『東京ラブストーリー』。最終回の舞台の一つとなったのが、伊予鉄道の梅津寺駅である。ホームからは瀬戸内海に浮かぶ興居島が望める、海の見える駅だ。ドラマで鈴木保奈美演じるヒロインのリカがホームの柵にハンカチを結んだのをまねて、放映から30年以上経つ今も、ロケ地案内の看板の近くには誰かが結んだハンカチがはためいている。

ドラマ

Information

- ●アクセス／伊予鉄道 梅津寺駅
- ●見学時間／自由
- ●見学料金／無料（ホーム等に入るには要入場券または乗車券）

愛媛県伊予市

JR「青春18きっぷ」ポスター
JR下灘駅

下灘駅の駅舎越しに伊予灘を望む。ポスターと同じ構図での撮影を試みる旅行者も多い

「青春18きっぷ」ポスター
を代表する駅

印象的な写真とコピーで毎回話題になるJRの「青春18きっぷ」のポスター。1997（平成9）年の夏にスタートし、春・夏・冬の18きっぷのシーズンごとに新作が登場する。下灘駅は1998〜2000（平成10〜12）年の冬に3年連続で採用。特に99年の駅舎越しに海が見える一枚は、「思わず降りてしまう、という経験をしたことがありますか。」のコピーとともに下灘駅を「青春18きっぷのポスターの駅」として一躍有名にした。

CM

Information
●アクセス／JR下灘駅
●見学時間／自由
●見学料金／無料

熊本県南阿蘇村

キリン「午後の紅茶」CM
南阿蘇鉄道 見晴台駅

CMで一躍有名になった見晴台駅。現在は駅に「午後の紅茶」の自販機が置かれている

阿蘇の山々に囲まれた
素朴でかわいい駅

2016（平成28）年から放映されていた、南阿蘇を舞台にした上白石萌歌が出演する「キリン午後の紅茶」のCMシリーズ。第一弾で上白石萌歌が阿蘇の山々をバックに歌っていたホームが、南阿蘇鉄道の見晴台駅だ。小さな木造駅舎がかわいらしく、"見晴台"の名の通り、駅からは雄大な阿蘇の風景が見渡せる。第三弾のCMでも再び夜の見晴台駅が登場する。南阿蘇鉄道には観光用のトロッコ列車も走っており、こちらで訪れるのもおすすめ。

CM

Information

●アクセス／南阿蘇鉄道 見晴台駅
●見学時間／自由
●見学料金／無料

熊本県人吉市

『夏目友人帳』
JR大畑駅

スイッチバック・ループ線の駅として鉄道ファンにも人気の大畑駅。特徴的な線路はアニメのオープニングにも描かれた

アニメの世界観にマッチする
レトロな木造駅舎

アニメ

2008（平成20）年から不定期に放映されているア
ニメ『夏目友人帳』シリーズ。物語の舞台は熊本県
の人吉地方をモデルにしており、JR肥薩線やくま川
鉄道沿線の風景も描かれる。大畑駅周辺と思しき風
景も作中に何度か見られ、アニメ6期のオープニング
にも登場している。2020（令和2）年に発生した豪
雨災害により、肥薩線の八代〜吉松間は不通、付近
の道路も通行止め区間が多いため、アクセスは人吉
駅から観光タクシーなどの利用がおすすめ。

Information
- アクセス／JR人吉駅より車30分
- 見学時間／自由
- 見学料金／無料

4章

フォトジェニックな
絶景撮影スポット

文・写真／佐々倉 実

北海道釧路市

「音別の丘」から望む 太平洋と根室本線
（厚内～音別）

太平洋と列車を一緒に撮れる 貴重なポイント

厚内駅付近から東の区間では太平洋に沿って走る根室本線。車窓からは大きく海を望むが意外と海と列車を撮影できる場所は少ない。そんな中でも北海道らしい広々とした風景を撮影できるのが「音別の丘」だ。撮影ポイントは海に面した小高い丘の上で、あたりをぐるっと見回せる風景は非日常で列車待ちの時間も気にならないほど美しい。列車に対しては基本的には逆光になるが、列車サイドに陽が当たって輝く夕方の時間帯にも狙ってみたい鉄道風景だ。

海

Information

●アクセス／JR音別駅より車5分 または徒歩20分
●見学時間／自由
●見学料金／無料

音別の丘から見た特急「おおぞら」。日の長い時期の夕方には列車サイドが光る

同じポイントから日中撮影すると、ほ
ぼ終日列車に対して逆光になる。しか
し天気の良い日には青い海や海の向
こうに見える山並みなどスケール感の
大きな写真になるのが魅力だ。季節や
天候によって姿を変える撮影地なので、
いろいろなケースでチャレンジしたい

北海道遠軽町

「白滝発祥の地」
から望む
山間を行く石北本線
（白滝〜丸瀬布）

湧別川の流れと
山岳路線の国鉄型車両

旭川と網走を結ぶ石北本線は、途中大雪山系の山中を走る山岳路線だ。この路線の山深さを見せてくれるのが「白滝発祥の地」。湧別川の流れと切り立った山の間を走る列車を撮影することができる。石北本線のもうひとつの魅力は国鉄時代からの車両が走り続けていること。キハ40系やキハ54系が残り、特急大雪、オホーツクにはキハ183系（2023年春引退予定）が使われている。撮影ポイントは国道333号線沿いの展望台だが、崖の上の場所なので足元に注意。

山・渓谷

Information

●アクセス／JR白滝駅・丸瀬布駅より車10分
●見学時間／自由
●見学料金／無料

「白滝発祥の地」展望台から見た石北本線、四季それぞれ美しい風景が広がる

夏にはぐっと山奥の雰囲気を出す撮影地だ。写っている列車はキハ183系の特急大雪。2023年の春にはキハ183系は引退して、特急おおぞら、特急北斗などに使われたキハ283系が走り始める予定だ

北海道富良野市

「ファーム富田」 から望む ラベンダー畑と 富良野線
（西中~ラベンダー畑［臨時］）

夏の北海道を代表する風景
ラベンダー畑と十勝連峰

ラベンダー畑で有名な富良野の「ファーム富田」から富良野線の列車を撮影するポイント。もちろん夏限定の撮影地で、ラベンダーの見ごろは例年7月中旬。天気の良い日には、ラベンダー畑と田畑の向こうに十勝連峰の雄姿が広がる。おすすめはトラディショナルラベンダー畑に沿って急勾配を登った頂上付近。このあたりは観光客が比較的少ない穴場で、ゆっくりと風景を楽しむことができる。なお、ファーム富田内では三脚は使用禁止になっているので注意が必要だ。

花

Information
●アクセス／JRラベンダー畑駅
　（夏季のみ）より徒歩約8分、
　中富良野駅より車5分または徒
　歩30分
●見学時間／自由
●見学料金／無料

北海道を代表するようなファーム富田からの風景、十勝連峰を背に、田んぼのなかを2両編成の普通列車が走る

写真右端に写っているのが臨時駅の「ラベンダー畑駅」、富良野・美瑛ノロッコ号だけが停車する。駅を発車してゆっくりと走るので、いろいろとアングルを変えながら撮影することができる

北海道倶知安町

「北四線踏切」から望む
羊蹄山と函館本線（倶知安～小沢）

蝦夷富士とも呼ばれる羊蹄山を背に新型気動車H100形ディーゼルカーの普通列車が走る

羊蹄山をバックにした
有名撮影地

函館本線の長万部～札幌間は「山線」と呼ばれ、一日数本の列車が走るのみのローカル線となっている。「山線」を象徴する撮影地が倶知安駅に近い「北四線踏切（くっちゃん）」だ。列車と背景の羊蹄山をバランスよく収められる。夏の夕方が順光になるが、遅い時間には西側の樹木の影が落ちてくる。夏以外は午後少し早めの時間に撮影した方が列車正面には陽が当たらないが美しい写真になる。撮影ポイントは倶知安駅から3kmほどだが、タイミングがあえばニセコバスも利用可能。

山・渓谷

Information
●アクセス／JR倶知安駅から車10分またはニセコバス「羊蹄ハイツ」すぐ
●見学時間／自由
●見学料金／無料

宮城県大崎市

「大深沢橋」から望む
鳴子峡と陸羽東線（鳴子温泉〜中山平温泉）

紅葉の渓谷の小さな橋梁を走る普通列車、この季節には徐行して乗客に風景を見せてくれる

名勝鳴子峡にかかる
紅葉の鉄橋

紅葉の名勝として知られる宮城県の鳴子峡にかかる
陸羽東線の鉄橋。四季それぞれに美しい場所だが、
ぜひ訪れてみたいのが紅葉の季節。谷が深く晴れの
日は日陰になる時間が長いため、曇りの日がおすす
め。特に雨上がりにはしっとりとした紅葉が美しく
なるので狙い目だ。鳴子温泉駅から4kmほどの鳴子峡
にかかる国道橋の歩道が撮影ポイント。秋には鳴子
温泉から臨時バスも走る。観光客も多いので、三脚
などが通行の邪魔にならないように注意が必要だ。

山・渓谷　　紅葉

Information

●アクセス／JR鳴子温泉駅より
　車10分
●見学時間／自由
●見学料金／無料

秋田県八峰町

「小入川橋」から望む 日本海と五能線
（あきた白神〜岩舘）

日本海を背に橋を渡る リゾートしらかみ

日本海に沿って走る五能線は、海と鉄道の風景が点在する絶景路線だ。あきた白神〜岩舘間には日本海らしい磯の風景を往く列車を撮れるポイントが点在。国道101号線にかかる小入川橋からは、海を背にして走る列車を撮影することができる。撮影ポイントも広い歩道からなので安心だ。夏の早朝以外は逆光になるが、その日その日の海の表情を写しこめるのがこの撮影地の魅力。快速リゾートしらかみも走るが、2022年11月現在運休中のため注意が必要だ。

海

Information

●アクセス／JR岩舘駅より車10分または徒歩25分
●見学時間／自由
●見学料金／無料

夏の夕暮れ、穏やかな日本海を見て普通列車が走る。遠くに見えるのは男鹿半島だ

こちらはあきた白神駅から沿岸の街道を1.5kmほど進んだ地点より撮影。海辺の集落を走る列車が撮れる

福島県三島町

「第一只見川橋梁 ビューポイント」から 望むダム湖に架かる 鉄橋を行く只見線 （会津桧原~会津宮下）

ダム湖と鉄橋が織りなす絶景 特に秋の紅葉は必見

絶景路線として人気の只見線。中でも有名なポイントが鉄骨アーチ構造の第一只見川橋梁だ。撮影ポイントの起点になる道の駅「尾瀬街道みしま宿」にはメインの看板に「第一只見川橋梁ビューポイント」と書かれているほど。道の駅から見える国道のトンネル付近に遊歩道の入り口がある。登り口から下段、中段、上段と3か所のポイントがあるが、やはり上段からのアングルが広々として素晴らしい。紅葉の最盛期は観光客も多いので、少し早めに登って待ちたい。

| 紅葉 | 山・渓谷 |

Information

- ●アクセス／JR会津宮下駅より車5分
- ●見学時間／自由
- ●見学料金／無料

広葉樹が多く紅葉が美しい第一只見川橋梁の周辺、広く撮影するか橋梁のアップにするか迷うほどだ

雨上がりの第一只見川橋梁、晴れだけ
でなく霧の風景も幻想的になる

長野県千曲市

「姨捨駅付近」から望む
善光寺平と篠ノ井線（姨捨〜稲荷山）

秋になり空気が澄んで善光寺平も美しく見えてきた。名古屋駅へ向かう特急しなのが通過する

日本三大車窓
善光寺平の風景を行く

日本三大車窓のひとつ「姨捨」は、篠ノ井線の山越え区間にある。駅近くでは善光寺平と呼ばれる長野盆地を背景に築堤を行く列車を撮影できる。盆地は霞がかかりやすいので、空気の澄んだ日がベスト。列車に対しては午後が順光となる。姨捨駅はスイッチバックの駅で、複雑な線路配置や行き止まりホームなども忘れずに撮影したい。駅ホームからの善光寺平の風景も必見。写真の撮影ポイントへは姨捨駅前の道を長野方面に向かい、二股を右折するとすぐ。

田園

Information

●アクセス／JR姨捨駅より徒歩5分
●見学時間／自由
●見学料金／無料

「そらさんぽ」から望む
天竜川橋梁と飯田線（千代〜天竜峡）

天竜川橋梁を渡る特急伊那路、3両編成の列車がちょうど収まりバランスが良くなる

レトロな橋で川を越える
飯田線の新撮影スポット

飯田線の天竜峡駅を出た上り列車がすぐに渡るのが
天竜川橋梁だ。以前は撮影する場所が少なかったの
だが、2019年秋に三遠南信自動車道の開通に伴い遊
歩道「そらさんぽ」が作られた。ここからは蛇行する
天竜川とレトロな橋梁を俯瞰できる。落下防止の柵が
あるが、10㎝四方ほどの大きな目なので撮影に支障
はない。天竜峡パーキングエリア内に遊歩道の入り口
があり、徒歩でも天竜峡駅から30分ほど。遊歩道は
季節によって通行可能時間が変わるので要確認を。

山・渓谷

Information

● アクセス／JR天竜峡駅より車
　10分または徒歩30分
● 見学時間／6時30分〜18時
　（3〜10月）、7時30分〜16
　時30分（11〜2月）
● 見学料金／無料

岐阜県下呂市

「下原ダム湖畔」 から望むダム湖に 映る高山本線
（飛騨金山～焼石）

下原ダム湖面に映る ディーゼル特急ひだ

高山本線の岐阜県側では長い区間で飛騨川に沿って走る。この間いくつもの橋梁を渡り、それぞれが美しい撮影ポイントとして知られている。下原ダム付近には、川を渡らずダムの岸に沿って架けられた橋梁がある。この橋梁は湖面から近く、風のない日にはきれいな水鏡になる。順光になる午後がおすすめ。焼石駅から国道41号線を岐阜方面に約2.5km、国道沿いのパーキングスペースが撮影地。橋梁の真横のほか、焼石駅側からは斜めに狙うこともできる

山・渓谷

Information
- ●アクセス／焼石駅より車5分
- ●見学時間／自由
- ●見学料金／無料

下原ダムの湖面に姿を映すキハ85系の特急ひだ。この姿が見られるのもあと少しの間だ

国道沿いの駐車スペースうち焼石側からさつえいすると橋梁を斜めに見るアングルになる。夕方には斜光で列車側面が光り印象的な写真になる

静岡県富士市

「須津駅付近」から望む富士山をバックに駆ける新幹線
（三島～新富士）

富士山と新幹線
日本の鉄道の定番撮影地

富士山をバックに新幹線を撮ることができる定番の撮影スポット。岳南鉄道の須津駅から南へ1.5kmほど、新幹線の築堤をくぐったあたりの農道が撮影地だ。農道なので駐車は不可、農作業の方の迷惑にならないように撮影したい。新幹線をサイドから狙うためにシャッター速度は1/2000秒以上にしないと動態ブレを起こすので要注意。10日に一度程ドクターイエローが走る。通常の下り列車の通過時間は12時半前後（まれに11時20分前後）なので、チャレンジしてみたい。

山・渓谷

Information

●アクセス／岳南鉄道 須津駅より徒歩15分
●見学時間／自由
●見学料金／無料

だいたい10日に1度のペースで姿を見せるドクターイエローが、雄大な富士山を背に駆け抜ける。ぜひチャレンジしたい列車だ

基本的に快晴の日に行きたい撮影地だが、雲の形が面白い時にも出向いてみたい。写真は雲を中心に撮影していた時、ほんの10分だけ富士が姿を見せたときの1枚だ

静岡県川根本町

「奥大井湖上駅展望所」から望む 長島ダムに浮かぶ奥大井湖上駅

蛇行するダム湖を渡る2本のトラス橋と小さな秘境駅、山中に突如現れるダイナミックな鉄道風景だ

桜とディーゼルカー
今も昔も桜の名所の笠置駅

SL列車やアプト式列車で有名な静岡県の大井川鐵道。千頭〜井川駅を結ぶ井川線は、山間の風景が美しく、観光路線としても人気が高い。中でもダイナミックな風景を見せてくれるのがダム湖に浮かぶ奥大井湖上駅だ。駅を見下ろす県道からは蛇行したダム湖と赤い橋梁に挟まれた駅を撮ることができる。駅の鉄橋から続く階段を上ると県道に出る。クルマの場合は千頭駅から井川線沿いを走り、駅が見えるトンネルを越えた先を右折するとパーキングスペースがある。

山・渓谷

Information

●アクセス／大井川鐵道 奥大井湖上駅より徒歩20分
●見学時間／自由
●見学料金／無料

「餘部駅前の展望台」から望む
余部鉄橋と山陰本線(鎧~余部)

巨大な余部橋梁に懐かしい色合いの普通列車が走る。このほか特急はまかぜも走るので狙ってみたい

今も昔も山陰本線を
代表する撮影地の一つ

かつて鉄骨構造だった余部橋梁は東洋一の美しさと
讃えられていた。その後現在のコンクリート橋にか
け替えられたが、今でも山陰本線を代表する撮影地
になっている。旧橋脚は一部が歩道として整備され、
エレベーターも設置されて「空の駅」の名で観光地
になっている。写真は餘部駅前の山道を下り、鉄橋
をくぐって階段を登ったところにある展望台から撮
影。夕方が順光になるが、遅い時間や日の短い時期
には山の影が出やすいので注意が必要だ。

海

I n f o r m a t i o n

●アクセス／JR餘部駅より徒歩5
分
●見学時間／自由
●見学料金／無料

111

山口県柳井市

「大島大橋」
から望む
瀬戸内海の島々と
山陽本線
（神代～大畠）

アングルや時間帯にもこだわりたい
瀬戸内海と黄色い電車

本州と周防大島を結ぶ大島大橋からは、沿岸ぎりぎり
を走る山陽本線と瀬戸内海の島々が見られる。歩道
からの撮影のため自由な位置からアングルが決められ
るので、広い海と列車をバランスよく配置できるポジ
ションを選びたい。午後が順光だが、遅い時間には大
橋の影が落ちるので要注意。また日の出直前の海が赤
くなる時間帯や海がきらめく時間帯などいろいろと挑
戦してみたい。大島大橋へは大畠駅から1kmほど。車
利用の場合は橋の本州側にパーキングスペースがある。

海

Information

●アクセス／JR大畠駅より徒歩
　15分
●見学時間／自由
●見学料金／無料

穏やかな瀬戸内海を見ながら走る115系の普通列車、新型のステンレス車両、貨物列車などが頻繁に走って来る

中望遠レンズを使えば、カーブの頂点
を行く列車が撮影できる。島が近づい
て見え、瀬戸内海らしい風景になる

島根県津和野町

「白井の里」から望む 峠へ向かう SLやまぐち号
(船平山~津和野)

上りのSLやまぐち号を 撮る名撮影地

山口線の新山口~津和野間を走るSLやまぐち号。津和野駅発の上り列車を撮影する名撮影地が「白井の里」呼ばれるポイントだ。津和野駅から線路沿いに新山口方面に8kmほど進んだ先のパーキングスペースが起点。日の短い季節にはSL通過時には日が陰るので曇りの日などを狙いたい。ここはファンの皆様が地元の方々と良い関係を築き、SL運転日にはトイレの開放など温かく迎えてくれる。挨拶など礼儀を重んじて撮影してほしい。

山・渓谷 　 SL

Information

●アクセス／JR津和野駅より車10分
●見学時間／自由
●見学料金／無料

遠くから聞こえてくるSLの音が近づくと、煙を上げた迫力のD51が姿を現す。峠のトンネルまでもうすぐだ

「白井の里」の駐車場付近からは、アップ目のアングルを選ぶこともできる。上りSLやまぐち号が走る時間は夏の日の長い時期以外は日陰になるので、曇りの日に撮影したい

岡山県倉敷市

「鷲羽山第二展望台」から望む瀬戸大橋を駆ける本四備讃線
（児島～坂出）

朝の鷲羽山から瀬戸大橋を望む

本州と四国を結ぶ瀬戸大橋線（本四備讃線）。児島駅から南へ約5kmほどの鷲羽山第二展望台から瀬戸大橋を走る列車を撮影できる。天気の良い日には四国へと続く数々の橋梁を見られる観光スポットで、列車利用の場合は児島駅から下電バスも使うことができる。瀬戸大橋を走る列車には日の出からしばらくは日が当たるが、日が高くなると道路の影になって目立たなくなってしまう。東京からの寝台特急サンライズ瀬戸も走るので、早朝の撮影に挑戦してほしい。

海

Information

●アクセス／JR児島駅より車10分または下電バス「鷲羽山第二展望台」下車
●見学時間／自由
●見学料金／無料

鷲羽山第2展望台から撮影した寝台特急サンライズ瀬戸、早朝の時間帯は路面の下を走る列車にも日があたる

展望台から下津井方面に向かった道路
脇からは、橋梁の線路とほぼ同じ高さ
で撮影することができる。夏の夕方に
は太陽が真後ろに沈むのでシルエット
が狙える

徳島県三好市

「大歩危洞門付近」 から望む 大歩危小歩危の 渓谷美と土讃線
（小歩危〜大歩危）

第二吉野川橋梁を渡る 多彩な列車たち

徳島県を流れる吉野川。四国山地を横切る区間では
V字の谷を形成し、名勝大歩危小歩危として知られ
る。小歩危駅と大歩危駅の間には第二吉野川橋梁
が架かり、小歩危駅から2kmほどの大歩危洞門外の
歩道から渓谷美と共に撮影することができる。深い
山の緑と白い岩場、エメラルドグリーンの流れが印
象的だ。普通列車やディーゼル特急、観光列車「四
国まんなか千年ものがたり」が走る。列車の長さに
よって、バランスを考えてシャッターを切りたい。

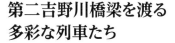

山・渓谷

Information

●アクセス／JR小歩危駅より車5
分または徒歩30分
●見学時間／自由
●見学料金／無料

5月上旬、新緑の風景を行く観光列車「四国まんなか千年ものがたり」

上の写真ポイントから小歩危駅方面に
少し歩道を進むと、橋梁のトラス部分
を中心に撮影することができる。新緑
など広葉樹が美しい時期には狙ってみ
たい

長崎県大村市

「松原トンネル付近」から望む大村湾と西九州新幹線
(嬉野温泉〜新大村)

「かもめ」の姿がしっかり写る
数少ない撮影ポイント

海

2022年9月に部分開業した西九州新幹線。防音壁が高いため列車の下側が隠れる場所が多く撮影には難儀する。そんな中でこの撮影地はレールまでしっかり見えて、背景には大村湾も写すことができる数少ないポイントだ。朝が順光だが、午後のきらめく海や夕焼けも良い。松原駅から国道34号線に出て長崎方面に進み、小さい川の手前の道を左折。新幹線のトンネル脇の法面の上が撮影地だ。地元の方々は温かく見守ってくれているので、迷惑駐車など避け、挨拶も忘れずに。

Information
●アクセス／JR松原駅より車5分または徒歩20分
●見学時間／自由
●見学料金／無料

まぶしいほど白い新幹線かもめ、美しい反面通常の露出では白が飛んでしまう。少し暗めに撮影するのがコツだ

朝の順光だけでなく、夕暮れの時間
帯も美しい。車体が白いので、逆光に
なっても新幹線かもめの存在感を見せ
てくれる

大分県由布市

「由布院駅のはずれ」から望む由布岳と久大本線
（由布院～南由布）

由布岳をバックに走る色とりどりの気動車

観光客でにぎわう由布院駅前。しかし、市街地からほんの少し外れると田畑が広がり、豊後富士と呼ばれる由布岳が見える美しい風景が広がっている。写真は由布院駅から線路沿いに1.5kmほど進んだ先の見渡しのきいた場所が撮影地。広角で風景を広々と、中望遠で由布岳の稜線を強調してなど、いろいろなアングルで狙うことができる。駅近くにはレンタサイクルもあるので、ゆっくりと撮影地探しをするのもおすすめだ。

山・渓谷

Information

●アクセス／JR由布院駅より車5分または徒歩20分
●見学時間／自由
●見学料金／無料

空気が澄んだ10月下旬の撮影で山が美しく見える。春の菜の花、初夏の田植えなど季節ごとに魅力的な風景を見せてくれる

由布岳をバックに走る特急ゆふいんの森、年によって状況は異なるが春には菜の花が咲く。写真は3月下旬の撮影だ

鹿児島県指宿市

「西大山駅」付近から望む
開聞岳と指宿枕崎線（大山〜西大山）

薩摩半島のシンボル的存在の開聞岳、沿線からも車窓からも美しく見える山だ

開聞岳をバックに
JR最南端の風景を行く

山・渓谷

JR最南端の指宿枕崎線の西大山駅。駅ホームをはじめ、この周辺からはきれいな円錐型をした薩摩富士と称される開聞岳が見える。特に駅から大山方面に2kmほど進んだ道路の跨線橋付近からは山をバックに広々とした風景を撮影することができる。駅から歩いても30分弱だが、列車本数が少ないため列車利用の際はよく計画をしてほしい。この区間を走る車両はすべて国鉄時代から走り続けるディーゼルカーなのも魅力だ。

Information

●アクセス／JR西大山駅より車5
　分または徒歩25分
●見学時間／自由
●見学料金／無料

5 章

気になる！
鉄道新スポット

北海道むかわ町〜様似町

旧日高本線の
廃線跡

2021年に廃止となった絶景路線
今後の保存・活用に期待

2015（平成27）年の高波被害で運休となり、2021
（令和3）年4月に廃止となったJR日高本線の鵡川〜
様似間。同区間は太平洋の沿岸に沿って走る絶景路
線としても人気だった。まだ線路や駅舎が残ってい
る区間が多く、並走する国道235号線沿いから垣間
見ることができる。沿線自治体では廃駅や線路跡の
保存や観光利用に向けた取り組みを行っているとこ
ろも多く、JR北海道でも廃線活用プログラムの募集
をかけており、今後の保存・活用に期待したい。

廃線

Information

●アクセス／JR鵡川駅より国道
235号線沿いに点在
●見学時間／自由
●見学料金／無料

太平洋に沿うように敷かれていた日高本線の廃止区間。今はレールや駅がそのまま残る場所も多い

サラブレットの牧場を行く日高本線も
沿線の名物風景だった

栃木県宇都宮市

宇都宮ライトレール

75年ぶりに新規開業する
次世代型の路面電車

2023年8月の開業が予定されている「宇都宮ライトレール」。近年は人や環境にやさしい交通機関として路面電車が再注目されており、宇都宮ライトレールも少子高齢化が進む街で自動車に頼らない新しい交通インフラとしての役割が期待されている。国内での路面電車の新規開業は75年ぶりとなり、新線開業をリアルタイムで見られる貴重な機会でもある。車両は超低床型のHU300形電車が導入され、テスト走行で黄色い電車が宇都宮の街を走り始めている。

新路線

I n f o r m a t i o n

● アクセス／JR宇都宮駅より徒歩1分（宇都宮駅東口停留所）
● 見学時間／列車の運行時間による
● 見学料金／初乗り150円〜400円（対距離制）予定

段差なくスムーズに乗降できるよう超低床型車両が導入される。鮮やかな黄色は「雷の稲光」をイメージ

ホームもフラットな設計に。開業に向けて停留所の整備が進められている

栃木県日光市

下今市駅旧跨線橋

昭和の時代にタイムスリップしたかのようなノスタルジックな雰囲気の旧跨線橋内部

鉄道遺産を活用し
昭和レトロな世界観を演出

SL大樹の発着駅としてにぎわう下今市駅。駅構内には2017（平成29）年に登録有形文化財に指定された旧跨線橋が保存されている。以前は跨線橋内部に入ることはできなかったが2018（平成30）年にギャラリーとして整備され、自由に見学できるようになった。跨線橋の内部にはレトロなポスターなどが展示されている。下今市駅はSLのイメージにあわせて駅舎がレトロ調にリニューアルされており、駅全体でノスタルジックな世界観を楽しみたい。

展示施設

Information

●アクセス／東武鉄道 下今市駅
●見学時間／始発～20時
●見学料金／無料（要下今市駅への入場券または乗車券）

下北線路街

個性的なショップが立ち並ぶ「BONUS TRACK」エリア。"TRACK"には線路跡という意味も掛けられている

生まれ変わった
小田原線の線路跡

小田急小田原線の東北沢〜世田谷代田駅の地下化による地上の線路跡を活用した新エリア「下北線路街」。2016（平成28）年ころから段階的に整備が続き、2022（令和4）年に全面開業した。約1.7kmの線路跡地に、ショップやホテル、ギャラリーなどが並ぶ。レールや鉄道施設が分かりやすく残っているということはないが、「線路街」の名を冠し、線路のあった空間を生かして整備することで線路の記憶も引き継がれる、新しい廃線活用のカタチだ。

廃線

Information

- ●アクセス／小田急電鉄 東北沢駅・世田谷代田駅より徒歩1分
- ●見学時間／自由（各施設の営業時間による）
- ●見学料金／無料

東京都品川区

JR山手線
高輪ゲートウェイ&
高輪築堤

近未来を感じさせる新駅と
150年前の歴史を物語る遺跡

2020（令和2）年3月に開業した、山手線・京浜東北線の新駅「高輪ゲートウェイ」。駅が先行して開業したため、駅周囲はまだまだ開発中だが、今後、「高輪ゲートシティ」としてオフィスや住宅、商業施設などが整備される予定である。そして、この高輪エリアの再開発の際に、明治の鉄道開業時に海上に線路を敷設するために築かれた築堤が発掘された。日本の鉄道史上重要な遺構で、今後の保存について議論が進められている。

駅

Information

- ●アクセス／JR高輪ゲートウェイ駅
- ●見学時間／自由
- ●見学料金／無料（ホーム等へ入るには要入場券または乗車券）

132

木材が多用された和風かつモダンな駅舎に、案内ロボットやデジタルサイネージなど最新技術が多く取り入れられている

高輪ゲートウェイ駅の開発工事で発掘された高輪築堤。現在は埋め戻され開発区のなかでいかに保存していくかが検討されている

静岡県島田市

大井川鐵道 門出駅&合格駅

新規開業の門出駅。駅名標も水引風のデザインで縁起がいい

新駅開業にあわせて改名
縁起のいい駅並びに

2020（令和2）年11月に島田金谷インターチェンジそばに大井川本線の新駅「門出駅」が開業。同時オープンしたお茶や農業に関する体験などが楽しめる複合施設「KADODE OOIGAWA」に併設し、金谷エリアの新たな拠点となることが期待されている。となりの「五和駅」も"門出"にあわせて「合格駅」に改称。"合格から門出に向かう"なんとも縁起のいい路線となった。受験シーズンには両駅名のグッズなども発売され、合格祈願スポットとしてにぎわう。

駅

Information
● アクセス／大井川鐵道 門出駅
● 見学時間／自由
● 見学料金／無料（ホーム等へ入るには要入場券または乗車券）

静岡県浜松市

天竜浜名湖鉄道 都田駅

シックなカラーリングの駅舎に鮮やかなマリメッコのファブリックが映える

のどかな里山風景にマッチする
北欧調のかわいい駅

鮮やかなファブリックに彩られた天竜浜名湖線の都
田駅。もともとは小さな無人駅だったが、2015（平
成27）年に地元の工務店によって、カフェが併設さ
れた北欧風インテリアの駅に生まれ変わった。駅舎
内も木製の家具やマリメッコのファブリックパネル
で飾られている。天浜線には座席やカーテンにマリ
メッコのファブリックを取り入れた「スローライフ
トレイン」も運行されており、かわいい気動車でか
わいい駅をめぐるスローな旅を楽しみたい。

駅

Information
●アクセス／天竜浜名湖鉄道 都
　田駅
●見学時間／自由（カフェは11〜
　16時）
●見学料金／無料

静岡県富士市

がくてつ機関車ひろば

機関車を間近で見られる新スポット

2021（令和3）年に岳南鉄道の岳南富士岡駅構内に、電気機関車を堪能できる新スポット「がくてつ機関車ひろば」がオープンした。岳南鉄道が貨物輸送を行っていた時代に活躍していた電気機関車4両と貨車が展示されており、車両は現役時代に近い姿が再現されている。18～21時にはライトアップされるほか、イベント時には車内の開放が行われることもある。気軽にじっくりと機関車を楽しむことのできる注目のスポットだ。

展示施設

Information

●アクセス／岳南富士岡駅
●見学時間／9～21時
●見学料金／無料（要入場券または乗車券）

4両の電気機関車はそれぞれ現役時代に近い姿に整備されている

見学には岳南富士岡駅への入場が必要。
駅周辺には駐車場がないので岳南電車
でのアクセスを

島根県邑南町

旧三江線 宇都井駅

廃線の「天空の駅」を
観光資源として活用

2018（平成30）年に運行を終了した三江線。同線の宇都井駅はホームが地上約20mのところにあり、「天空の駅」とも称されていた。現在はこの宇都井駅と口羽駅周辺が公園として整備されており、両駅を結ぶ観光トロッコも運行。トロッコでは、線路から見下ろす里山風景や県境越えを楽しめる。また、宇都井駅では廃線前から冬季にライトアップイベント「INAKAイルミ」が行われており、例年11月下旬〜12月頃の2日間に開催されている。

廃線

Information
- ●アクセス／JR出雲市駅より車1時間20分
- ●見学時間／自由
- ●見学料金／無料

毎年晩秋〜冬頃にライトアップイベント「INAKAイルミ」が開催。山間に幻想的な風景が浮かび上がる

宇都井駅は島根県と広島県の県境近くにあり、トロッコ列車で県境越えを楽しめる

徳島県海陽町〜高知県東洋町

阿佐海岸鉄道DMV

バスにも鉄道にもなる
世界初の乗り物

2021（令和3）年末に世界初の営業運転を開始した
阿佐海岸鉄道DMV。DMVとは「デュアル・モード・
ビーグル」の略で、道路も線路も走ることができる
次世代の乗り物である。阿波海南〜海部〜甲浦駅間
を走っていた普通鉄道路線の廃止にともない導入さ
れた。DMVは阿波海南文化村〜宍喰温泉を結び、阿
波海南〜甲浦駅間が鉄道モードで運転される。当日
に空席があればその場で乗車が可能だが、確実に乗
るためには事前にネット予約をしておこう。

新路線

Information

●アクセス／JR阿波海南駅より
　徒歩1分（阿波海南駅停留所）
　ほか各駅・停留所から乗車
●見学時間／列車の運行時間に
　よる
●見学料金／乗車区間の運賃が必
　要

普通鉄道時代（当時はJR牟岐線）から名物スポットだった阿波海南〜海部駅間の「町内トンネル」をくぐるDMV

道路ではバスモードで運行。鉄道用の
車輪は車体に格納されている

福井県小倉市

小倉工場鉄道ランド

普通鉄道時代（当時はJR牟岐線）から名物スポットだった阿波海南・海部駅間の「町内トンネル」をくぐるDMV

ツアーでしか行けない
JR九州の新見学スポット

2022（令和4）年にJR九州の小倉総合車両センター内にオープンした「小倉工場鉄道ランド」。JR九州の車両デザインを多く手掛ける水戸岡鋭二氏の作品を集めたミュージアムや、限定グッズショップ、総合車両センターの社員が利用する食堂などが楽しめる。現在は車両センター内の見学とあわせたツアーのみで入ることができ、ツアーでは専用列車で工場まで乗り入れる。ツアー日程の確認や予約は施設の公式ホームページから可能。

展示施設

Information
●アクセス／ツアー内容による
●見学時間／ツアー内容による
●見学料金／ツアー内容による

本文デザイン／田中麻里（フェルマータ）
カバーデザイン／天池 聖（drnco.）
編集／篠原あさ美（「旅と鉄道」編集部）

旅鉄 GUIDE 002

鉄道聖地巡礼

2023 年 1 月 26 日　初版第 1 刷発行

編　者　　「旅と鉄道」編集部
発行人　　勝峰富雄
発　行　　株式会社天夢人
　　　　　〒 101-0051　東京都千代田区神田神保町 1-105
　　　　　https://www.temjin-g.co.jp
発　売　　株式会社山と溪谷社
　　　　　〒 101-0051　東京都千代田区神田神保町 1-105
印刷・製本　大日本印刷株式会社

●内容に関するお問合せ先
　「旅と鉄道」編集部　info@temjin-g.co.jp　電話 03-6837-4680
●乱丁・落丁のお問合せ先
　山と溪谷社カスタマーセンター　service@yamakei.co.jp
●書店・取次様からのご注文先
　山と溪谷社受注センター　電話 048-458-3455　FAX048-421-0513
●書店・取次様からのご注文以外のお問合せ先
　eigyo@yamakei.co.jp